Inhaltsverzeichnis

Vorwort 2

Vorbemerkungen 3

Leben und Lebensraum 9

Nachtaktivität 15

Nachwuchs und Nahrung 18

Eulenarten 30

Rund um Eulen 34

Vorwort

Liebe Erzieher*innen,

Eulen haben den Menschen schon immer fasziniert. Ihre nächtlichen Aktivitäten, der schaurige Ruf und die unergründlich anmutenden Augen waren jedoch nicht immer so beliebt, wie es heute der Fall ist. Zum Glück hat sich das Blatt für die Eulen gewendet und ihre Popularität lässt nicht nach. Gerade im Herbst ist ihre Hoch-Zeit – und das nicht nur als Symbol zu Halloween, sondern im wahren Wortsinn!

Von allen im deutschsprachigen Raum vorkommenden Eulen werden die sechs häufigsten im vorliegenden Material ausführlich vorgestellt. Passend dazu finden die Kinder vielerlei Aktivitäten, in denen sie mit allen Sinnen und auf spielerische Weise das Wesen der Eulen erfahren können. „Die kleinen Waldkäuze werden flügge" (s. S. 28/29) ist nur ein Beispiel aus dem abwechslungsreichen Programm.

Neben einer Fülle von Wissen bietet das Kurzprojekt „Eulen" unter anderem ausgefallene Kunstprojekte, unterschiedliche Gestaltungsmöglichkeiten mit Naturmaterial und witzige Reime mit Bewegung an. Eulen feiern beim Halloween-Fest mit und spielen in einer Klanggeschichte mit Musikinstrumenten die Hauptrolle. Die Kinder sind außerdem den Jägern der Nacht auf der Spur. Sie lernen den Lebenszyklus der Eulen kennen, knabbern Eulen-Pizzas und gestalten in einer Spielecke ihren eigenen Eulenwald. Abschließend können sie alle Erfahrungen in einem kreativen Booklet festhalten.

Ich wünsche Ihnen und Ihren Kindern viel Spaß mit dem Kurzprojekt „Eulen"!

Angelica Back

Rückmeldung:
Gerne lese ich Ihre Meinung zum Kurzprojekt „Eulen":
strix@mailbox.org

Hinweis: Aus Gründen der besseren Lesbarkeit wird im Folgenden auf eine sprachliche Differenzierung der Geschlechterbezeichnungen verzichtet. Da die Erzieher*innen in Kindertagesstätten zumeist weiblich sind, haben wir uns hier für die weibliche Form entschieden. Selbstverständlich sind stets alle Geschlechter angesprochen.

Vorbemerkungen

Zu den verwendeten Symbolen

Hauptkategorien:

Leben und Lebensraum

Nachtaktivität

Nachwuchs und Nahrung

Eulenarten

Rund um Eulen

Bildungsbereiche:

 Sprachliche Bildung

 Musikalische Bildung

 Ästhetische Erziehung

 Umwelt-, Sach- und Naturbegegnung

 Sozialerfahrungen

 Gesundheit und Ernährung

 Mathematische Bildung

 Wahrnehmung und Entspannung

 Körpererfahrung und Bewegung

 Feste und Feiern

Tipps und Anregungen zu den Angeboten

Die einzelnen Angebote sind nicht nach Bildungsbereichen, sondern nach Themen sortiert. Innerhalb der Themen bauen die Angebote aufeinander auf. Selbstverständlich können auch nur einzelne Aufgaben mit den Kindern bearbeitet werden.

Wissenswertes zum Thema „Eulen"

In dieser Projektmappe lernen die Kinder die geheimnisvolle Welt der Eulen kennen. Die unverwechselbaren Vögel sind scheu und dem Menschen gegenüber eher misstrauisch. Eulen werden dann aktiv, wenn wir schlafen gehen. Dieses Verhalten hat sie in früheren Zeiten nicht gerade beliebt gemacht. Hinzu kommt noch ihr oft unheimlich klingender Ruf, der an Gespenster denken lässt. Das hat zu vielerlei Aberglauben geführt: Eulen wurde sogar die Fähigkeit unterstellt, den nahenden Tod zu verkünden oder Menschen in den Tod zu locken. Natürlich sehen wir das heutzutage rationaler und glauben nicht mehr an Spukgestalten und dergleichen. Dennoch – ein Fünkchen der mystischen Aura haftet den Eulen noch an. Ihre Rufe werden daher gerne bei spannenden Szenen in Filmen eingesetzt und ihre Symbolik ist im Herbst zur Halloween-Zeit sehr beliebt. Vor allem aber ist der faszinierende Nachtvogel heute – unterstützt nicht zuletzt durch die

Vorbemerkungen

„Harry Potter"-Reihe – beliebter als je zuvor. Die in Buch und Film vorkommende Schneeeule ist bei uns allerdings nicht heimisch. Sie ist jedoch eine Artverwandte des Uhus, eine der größten Eulen weltweit, der auch in Mitteleuropa vorkommt. In der Kategorie „Eulenarten" (s. S. 30 bis 33) erfahren die Kinder Näheres über den Uhu, den Steinkauz und die Schleiereule.

Authentische Erfahrungen machen

Am schönsten ist es für die Kinder, wenn sie Eulen in ihrem natürlichen Lebensraum sehen können. Begegnungen in der Natur sind jedoch eher selten und daher bieten sich noch drei weitere Möglichkeiten an, um Kindern unvergessliche Erlebnisse zu schenken:

1. Ein Ausflug in einen Zoo, der auch Eulen beherbergt

Diese Option ist nicht sehr empfehlenswert, denn die Vögel leben in Zoos oft auf engem Raum und haben kaum Gelegenheit zu fliegen.

2. Ein Besuch in einer Falknerei

In einer Falknerei erleben die Kinder Eulen zwar auch nicht in ihrem natürlichen Umfeld, jedoch können sie diese beim Fliegen und bei der Nahrungsaufnahme beobachten und sogar berühren. In fast allen Falknereien gibt es Eulen und einige bieten, neben einem vielfältigen Programm, auch verschiedene Aktivitäten für Kinder an, zum Beispiel diese:

- „Falknerei im Sauerland" in 59964 Medebach: *www.falknerei-im-sauerland.de*
  → hat nach eigenen Angaben die meisten verschiedenen und seltensten Eulenarten Deutschlands; bietet spezielle „Kids Days" und Termine für Kindergärten und Schulen an
- „Garuda Falknerei" in 71093 Weil im Schönbuch: *https://garuda-falknerei.de*
  → viele Greifvögel und Eulen; Greifvogelschutzstation; bietet Kindergeburtstage und Unterrichtsstunden für Kindergärten und Schulklassen an

Es gibt noch mehr Falknereien, falls die oben genannten nicht in Ihrer Nähe sind, zum Beispiel in Deutschland die Falknerei Burg Rabenstein, die Falknerei Ronneburg, die Falknerei Bergisch Land sowie die Bielriet Falknerei. In Österreich gibt es u. a. die Falknerei Greifvogelzentrum Schloss Waldreichs und den Ötztaler Greifvogelpark.

3. Eulen kommen in die Kita

Als dritte Möglichkeit können Eulen sogar direkt zu den Kindern kommen! Die Leute von „Seeleneulen" sind ehrenamtlich in Kinderkliniken unterwegs, besuchen u. a. aber auch Kitas und Schulen. Die Eulen sind handaufgezogen, sehr zahm und den Umgang mit Menschen gewohnt, wie ihrer Internetpräsenz zu entnehmen ist. Die Kinder können also hautnah verschiedene Eulen kennenlernen und erfahren aus erster Hand viel über deren Lebensweisen. Ein Bericht auf *www.seeleneulen.de* über den Besuch einer Kita im rheinischen Ladbergen gibt einen kleinen Einblick.

Maßnahmen zum Bestandserhalt

Obwohl (zumindest die größeren) Eulen nahezu keine natürlichen Feinde haben, geht ihr Bestand in vielen Ländern zurück. Einige stehen bereits auf der Vorwarnliste, andere sogar schon auf der Roten Liste der gefährdeten Arten. Bei uns mittlerweile selten geworden ist beispielsweise die Sumpfohreule, der Habichtskauz, die Zwergohreule und der Raufußkauz. Doch wie kommt das?

Vorbemerkungen

In Deutschland dürfen Eulen nicht mehr gejagt werden, denn sie stehen alle unter Naturschutz. Jedoch fallen sie immer öfter dem Straßenverkehr oder elektrischen Leitungen zum Opfer und ihre Lebensräume verkleinern sich vor allem durch die moderne Landwirtschaft. Einige Eulen wie etwa der Steinkauz sind auf offene, vielseitige Landschaften angewiesen, in denen sich alter Baumbestand mit kleinparzelligen, ökologisch bewirtschafteten Weiden abwechseln.
Diese Gebiete weichen aber mehr und mehr großen Ackerflächen und die Eulen finden keine Nistplätze, keinen Unterschlupf für den Tag und kein Futter mehr. Die „Jäger der Nacht" sind heute mehr denn je auf unsere Hilfe angewiesen. Es gibt zwar mittlerweile schon Schutzmaßnahmen, dennoch kann jeder, der entsprechendes Gelände oder alte Gebäude zur Verfügung hat, etwas zum Bestandserhalt der Eulen tun – sei es durch Anbringen von geeigneten Nistkästen, durch die Bereitstellung von einem nicht genutzten alten Speicher mit Fensterluke oder durch das Pflanzen von Bäumen. Aber auch durch den Kauf ökologischer, saisonaler und regionaler Produkte können wir den Erhalt notwendiger Lebensräume für Eulen unterstützen.

Literaturhinweise und Internetadressen

Um sich einen visuellen Eindruck von den verschiedenen Eulen zu verschaffen, ihren Lebensraum kennenzulernen, ihre Rufe zu hören und ihr Verhalten in ihrem natürlichen Habitat zu beobachten, eignen sich Tierdokumentationen am allerbesten. Bei YouTube (*www.youtube.de*) zum Beispiel gibt es eine sehr große Auswahl – auch an Dokus in deutscher Sprache. Einige davon sind in den entsprechenden Angeboten dieser Projektmappe aufgeführt.

Wenn Sie sich dazu entscheiden, dem Thema „Eulen" einen größeren Raum zu geben, jedoch noch keine geeignete Lektüre hierfür besitzen, finden Sie nachfolgend ein paar ausgewählte Empfehlungen für jede Altersgruppe. Anschließend sind noch informative, gut strukturierte und mit schönem Bildmaterial versehene Internetadressen zur Thematik aufgelistet.

Bilderbücher:

- Anders, Christina; Simon, Charlotte und Addin, Nina: Eule findet den Beat – Mit Gefühl. Karibu 2023
- Moser, Annette und Broska, Elke: Bildermaus: Die kleine Eule sucht ihr Zuhause. Loewe 2019
- Gliori, Debi; Brown, Alison und Grimm, Sandra: Die kleine Eule kommt in den Kindergarten. Loewe 2019
- Haughton, Chris und Menge, Stephanie: Kleine Eule ganz allein. FISCHER Sauerländer 2015
- Hirth, Gernot: Der Flug der kleinen Eule. tredition 2018
- Kahlert, Elke und Bedrischka-Bös, Barbara: Die kleine Eule, die keine Mäuse frißt. Sellier 1995
- Alves, Katja und Stegmaier, Andrea: Komm, mach mit! 10 kleine Eulen wollen nicht schlafen. Arena 2022
- Bellermann, Lena: Mein erstes Pop-it-Buch – Eule Emil. arsEdition 2023
- Arrhenius, Ingela: Mein Filz-Fühlbuch: Kuckuck, kleine Eule! Coppenrath 2018
- Pfister, Marcus: Die müde Eule. Nord Süd 1992 (nur noch gebraucht erhältlich)
- Pitcher, Caroline und Macnaughton, Tina: Flieg doch mit, kleine Eule! Brunnen 2008
- Teckentrup, Britta: Meine kleine Eule. arsEdition 2016 (nur noch gebraucht erhältlich)
- Vollmer, Georg und Gertenbach, Pina: Eule Elli und die Sache mit dem Mond. Magellan 2021

Vorbemerkungen

• Vollmer, Georg und Gertenbach, Pina: Eule Elli wünscht sich Freunde. Magellan 2021
• Volmert, Julia: Euli Eule – Neugierde macht schlau! Albarello 2016
• Waddell, Martin: Ich will meine Mami. FISCHER Sauerländer 2010
• Walden, Libby und Lee, Jacqui: Das ist Eule. 360 Grad Verlag 2019

Sachbücher:
• Fischer-Nagel, Heiderose und Andreas: Eule, Kauz & Uhu. Fischer-Nagel 2018 (ab 6 Jahren)
• Dr. Poschadel, Jens: Meine große Tierbibliothek: Die Eule. Esslinger 2019 (4–6 Jahre)
• Müller, Thomas: Ein Jahr mit den Eulen. Gerstenberg 2014 (4–6 Jahre)
• Pérols, Sylvaine: Die Eule und andere Nachttiere. FISCHER Meyers 2018 (ab 3 Jahren)
• Reichenstetter, Friederun und Döring, Hans-Günther: Die kleine Eule und die Tiere der Nacht. Arena 2013 (4–6 Jahre)
• Reichenstetter, Friederun und Döring, Hans-Günther: Die Eulen. Arena 2021 (6–8 Jahre)
• Schmidt, Thomas: Entdecke die Eulen. Natur und Tier 2022 (5–14 Jahre)
• Wertheim, Anne und Brettner, Andrea: Crüsch, die Schleiereule. Kosmos 1996 (ab 3 Jahren, nur noch gebraucht erhältlich)

Internetadressen:
• *www.tierchenwelt.de/eulenvoegel.html* (Kinderwissen zu Schleiereule, Schnee-Eule und Uhu)
• *https://klexikon.zum.de/wiki/Eulen* (Wissenswertes zum Thema „Eulen" im Kinderlexikon)
• *https://kiwithek.kidsweb.at/index.php/Eule* (kurzer Überblick und Steckbrief zur Eule)
• *www.wwf-junior.de/tiere/eulen-lautlose-nachtjaeger* (Eulenwissen für Kinder)
• *www.geo.de/geolino/15475-thma-eulen* (kleines Tierlexikon und Interessantes über Eulen allgemein und die Eulen am Harry-Potter-Filmset)
• *www.avi-fauna.info/eulen/eigentliche-eulen/* (viel Wissenswertes über heimische Eulenarten und Vogelrufe zum Anhören)
• *www.lbv.de/ratgeber/tipps-voegel-bestimmen/leicht-verwechselbar/eulen/* (ausführliche Portraits und Vogelrufe zum Anhören)
• *https://egeeulen.de* (Gesellschaft zur Erhaltung der Eulen – viele interessante Fakten und auch eine extra Rubrik für Kinder)
• *www.eulenwelt.de* (ausführliche Infos über Eulen, Eulenschutz und andere interessante Dinge rund um die Eule)
• *https://forsterklaert.de/eulen* (kleiner Überblick der Eulenarten und Wissenswertes)
• *https://niedersachsen.nabu.de/tiere-und-pflanzen/voegel/vogelarten/eulen/22839.html* (10 verblüffende Fakten über Eulen)

Tipps und Anregungen zu den einzelnen Angeboten

Zu „Eulenwissen-Booklet", S. 11:
Als nicht ganz so aufwändige Alternative dazu drucken Sie die entsprechenden Wissens- und Aktivitätsseiten aus und heften diese für jedes Kind in einem speziell dafür angelegten Ordner ab.

Zu „Die Nachteule", S. 16:
Wattestäbchen bestehen oft aus gepresster Watte mit einem Plastikstiel. In Drogeriemärkten,

Reformhäusern und Bioläden gibt es ökologische Alternativen aus Bambusstäbchen mit Biobaumwolle. Diese wird ohne den Einsatz von Pestiziden angebaut.

Zu „Nestlinge", S. 25/26:

Die Kinder können Nest und Eulen vor oder nach dem Spielen noch anmalen.

Zu „Huhu, der kleine Uhu", S. 30:

Wenn einige der angegebenen Musikinstrumente nicht zur Verfügung stehen, können auch andere Instrumente oder Alltagsgegenstände verwendet werden. Experimentieren Sie vorher mit den Kindern und probieren Sie gemeinsam aus, welche Töne zu welcher Rolle passen könnten.

Allgemeine Informationen zu den Rezepten im Bereich „Gesundheit und Ernährung", S. 34:

- Die Menge der Zutaten kann natürlich – je nach Anzahl der Kinder – angepasst werden.
- Bitte achten Sie bei der Auswahl der Zutaten auf **Lebensmittelunverträglichkeiten** der Kinder!
- **Achtung:** Bei härteren Lebensmitteln wie Äpfeln und Möhren besteht Verschluckungsgefahr. Geben Sie diese nur Kindern, die bereits Backenzähne haben und zuverlässig kauen können. Halbieren Sie runde Lebensmittel wie Trauben immer – auch hier besteht Verschluckungsgefahr!
- Verwenden Sie der Gesundheit und Umwelt zuliebe am besten Zutaten in Bioqualität, aus dem eigenen Garten oder aus Wildsammlungen – Letztere jedoch nur mit guter Pflanzenkenntnis und nicht aus der Nähe viel befahrener Straßen!

Zu „Huhuuu – Es ist Halloween!", S. 35/36:

Als ganz besondere Attraktion können Sie einen Eulenbesuch bei *www.seeleneulen.de* buchen (s. S. 4 „Authentische Erfahrungen machen"). Falls Ihre Einrichtung nicht in der Nähe ist, gibt es vielleicht eine Falknerei, die Kita-Besuche anbietet (s. S. 4 oder weitere Recherchen im Internet).

Hintergrundinformationen zu den bekanntesten Eulenarten

Eulen sind keine farbenfrohen Vögel. Ihr Gefieder ist braun und beige, damit sie sich gut tarnen können. Ihre Rufe sind hauptsächlich nachts, aber auch in der Morgen- und Abenddämmerung während der Balzzeiten im Herbst und Winter hörbar. Wenn sich ein Eulenpaar gefunden hat, bleibt es ein Leben lang und meist auch am gleichen Ort zusammen. Außerhalb der Paarungs- und Brutzeit sind Eulen jedoch Einzelgänger. Das Weibchen legt im Frühjahr 2–7 Eier, aus denen nach ca. 4 Wochen die Jungen schlüpfen. Während der Brut- und Nestlingszeit versorgt das Männchen die Eulenmutter und ihre Jungen mit Nahrung. Wenn die Eulenjungen etwa einen Monat alt sind, verlassen sie das Nest (oder die Bruthöhle) und werden zu „Ästlingen". Sie können jetzt noch nicht fliegen und sitzen gut getarnt in der Nähe des Nestes. Flügge werden die kleinen Eulen erst nach etwa 2–8 weiteren Wochen, je nach Art. Nach der Nestlingszeit werden die Küken von beiden Eltern noch 1–5 Monate gefüttert, bewacht und in der Jagd unterwiesen. Dann suchen sich die jungen Eulen ein eigenes Revier. Je größer die Eulenart, desto länger brauchen die Kleinen für ihre Entwicklung und werden auch länger von ihren Eltern behütet.

Der Waldkauz ist die am häufigsten vorkommende Eule in Deutschland. Wenn wir an Eulenrufe denken, kommt uns zuerst der Ruf des Waldkauzes in den Sinn, weil er so typisch ist. Der Waldkauz hat einen runden Kopf mit großen, schwarzen Augen, einen goldgelben Schnabel und – im

Gegensatz zu anderen Eulen – einen eher freundlichen Gesichtsausdruck. Er lebt im Wald, aber auch in Parks, Gärten und auf Friedhöfen, wenn es dort genug alte Bäume gibt. Nur in großen, dicken Bäumen findet der Waldkauz eine geeignete Brut- und Schlafhöhle. Er frisst am liebsten Mäuse, aber auch andere kleine Nagetiere und Vögel. Waldkäuze werden bis zu 18 Jahre alt.

Die Waldohreule ist die zweithäufigste heimische Eule. Mit den wie Ohren aussehenden Kopffedern und den orangefarbenen Augen ähnelt sie dem Uhu. Sie ist jedoch nur halb so groß wie dieser und hat ein helles Gesicht. Sie lebt am liebsten an Waldrändern mit Wiesen und Feldern. Sie ist aber auch am Rande der Stadt auf Friedhöfen, in Parks und Gärten zu finden. Wenn man Glück hat, kann man die Waldohreule tagsüber in einer alten Fichte sitzen sehen. Im Winter ist die Chance noch größer, denn in der kalten Jahreszeit teilen sich bis zu 100 Waldohreulen mit anderen ihrer Art einen Baum als Schlafplatz. Waldohreulen brüten in verlassenen Greif- oder Rabenvogelnestern und fressen Mäuse, kleine Singvögel und Fledermäuse.

Der Uhu ist nicht nur bei uns, sondern auch weltweit die größte Eule. Seine Rufe klingen so, wie er heißt. Wie die Waldohreule hat auch er lange, ohrenähnliche Kopffedern und orangefarbene Augen. Er lebt in Wald-, Wiesen- und Feld-Landschaften mit steilen Felsen oder Ruinen zum Ruhen, Schlafen und Brüten. Der Uhu baut kein Nest. Wenn vorhanden, nutzt er aber verlassene Nester von großen Greifvögeln. Auf seinem Speiseplan stehen hauptsächlich Nagetiere und Singvögel. Uhus nutzen getrennte Plätze zum Zerrupfen der Beute und solche zum Ablegen ihres Gewölles. Das sind unverdauliche Nahrungsreste, die Eulen auswürgen. Als einer der größten heimischen Raubvögel hat der Uhu kaum Feinde. Er kann bis zu 25 Jahre alt werden.

Der Sperlingskauz ist unsere kleinste Eule. Seine gelben Augen und die weißen, an Augenbrauen erinnernden Streifen darüber verleihen ihm einen grimmigen Blick. Eine Besonderheit sind die schwarzen, hell umrahmten Stellen am Hinterkopf, die wie Augen aussehen und Feinde abhalten sollen. Der Winzling ist ein guter Jäger und erbeutet sogar Vögel, die größer sind als er. Zudem jagt er noch Mäuse und Ratten. Der Sperlingskauz brütet in tiefen Baumhöhlen und bevorzugt Bergregionen mit dichten, alten Wäldern als Lebensraum.

Der Steinkauz ist die zweitkleinste bei uns vorkommende Eule. Er hat wie der Sperlingskauz weiße Streifen über gelben Augen, die ihm ebenfalls einen strengen Blick verleihen. Der Steinkauz fühlt sich in abwechslungsreichen Landschaften mit wilden Wiesen, Hecken, alten Weiden und Obstbäumen wohl. Er sucht aber auch Mauern, Felsen und Gebäudenischen zum Brüten auf. Tagsüber sonnt er sich gerne auf erhöhten Plätzen und während der Dämmerung jagt er – oft sogar zu Fuß – Mäuse, kleine Vögel und Insekten.

Die Schleiereule ist mit ihrem hellen, herzförmigen Gesicht die auffälligste aller Eulen. Kennzeichnend sind ihre schwarzen Augen, ihr schlanker Körper und ihre langen Beine. Die kreischenden Rufe und der geisterhafte, lautlose Flug der Schleiereule ist vielen Menschen unheimlich. Als ländlicher Vogel lebt die Schleiereule scheu und zurückgezogen in ruhigen Scheunen und auf Dachböden alter Gebäude. Sie jagt Mäuse und manchmal auch Vögel oder Insekten.

Fingerprint-Eulen

ab 3 Jahren

Material:

Malpapier (ab 200g/m²), Bleistift, Wasser- oder Aquarellfarben (Letztere evtl. aus der Tube), Pinsel, Malpaletten, schwarze Filzstifte, Becher mit Wasser, Küchenpapier oder alte Lappen, Wachsdecke oder alte Zeitung, Malkittel, Kleber, Schere, Wattestäbchen oder Wattebällchen

Vorbereitung:

Decken Sie den Tisch mit einer Wachsdecke oder alten Zeitung ab und stellen Sie alle Materialien bereit. Zeichnen Sie für jedes Kind mit dem Bleistift einen einfachen Baum ohne Blätter auf das Malpapier. Er hat im Idealfall viele Zweige und Äste, auf denen die Fingerabdruck-Eulen später sitzen können. Wenn Farbtuben vorhanden sind, füllen Sie diese in die Malpaletten. Nutzen Sie einen Malkasten, stellen Sie dazu auch einen Becher mit Wasser bereit.

Bastelanleitung:

1. Die Kinder malen zunächst den Baum mit einer braunen Farbe an.
2. Während die Farbe trocknet, können die Kinder auf einem anderen Blatt Papier Fingerabdrücke üben. Dafür tunken sie die Finger in die grüne Farbe oder bestreichen ihn mit einem Pinsel. Es sollte nicht zu viel Farbe aufgenommen werden, sonst ist die Struktur des Fingers nicht mehr sichtbar.
3. Anschließend werden mit dem kleinen Finger grüne Blätter auf den Baum getupft.
4. Wenn die Farbe der Blätter nicht zu flüssig ist (was vermieden werden sollte), können die Kinder nach einer kurzen Wartezeit mit einem dickeren Finger Eulen in die Äste drucken.
5. Vor dem nächsten Schritt sollte die Farbe komplett getrocknet sein. Nun schmücken die Kinder mit einem schwarzen Filzstift ihre Eulen mit Augen, Schnäbeln, Krallenfüßen etc. aus. Bäume und Blätter können ebenfalls mit dem Filzstift konturiert werden.
6. Wer mag, kann seinem Bild noch weitere Elemente hinzufügen, beispielsweise Sonne, Wolken, Gras …

Variante:

Legen Sie einen großen Bogen Papier auf den Boden und zeichnen Sie einen Baum mit Zweigen und Ästen darauf. Anschließend wird der Baum in Gemeinschaftsarbeit wie oben beschrieben mit grünen Blättern geschmückt. Danach nehmen die Fingerprint-Eulen zwischen den Zweigen Platz. Diese können entweder direkt aufgedruckt werden oder die Kinder tupfen/malen die Eulen auf einen Bogen Papier, schneiden sie grob aus und kleben sie danach auf die Äste.

Variante für jüngere Kinder:

Kolorieren Sie vorab den Baum, bevor das Kind mit dem Finger Tupfen zwischen die Äste druckt: grün für die Blätter und eine oder mehrere andere Farben für die Eulen. Je nach Alter und Entwicklungsstand des Kindes kann es versuchen, die Eulen mit Details zu gestalten. Es können auch ruhig „Kopffüßler“ entstehen!

Tipp:

Die Blätter der Bäume können mit zu einem Bündel zusammenfassten Wattestäbchen oder mit Wattebällchen zwischen die Äste getupft werden. Auch hier sollte darauf geachtet werden, dass nicht zu viel Farbe aufgenommen wird.

Wie viele Eulen sitzen auf dem Ast?

ab 3 Jahren

Material:
Kopiervorlage „Nestlinge“ (s. S. 25), Druckerpapier, Pappe oder fester Tonkarton in DIN A4, Kleber, 1 Bogen Papier in DIN A3 (oder 2 zusammengeklebte DIN-A4-Bögen), schwarzer Filzstift, Buntstifte, Schere, Laminiergerät und -folie

Vorbereitung:
Kopieren Sie die Vorlage „Nestlinge“, kleben Sie diese auf Pappe und schneiden Sie alle Teile aus. Legen Sie dann das DIN-A3-Papier quer und malen Sie mit dem Filzstift einen einfachen Baum mit je einem Ast links und rechts vom Stamm auf. Fertigen Sie zusätzlich noch Zahlenkärtchen von 1 bis 6 sowie ein Plus- und ein Minuszeichen an, indem Sie die Symbole auf Pappe malen, die Kärtchen ausschneiden und anschließend zur besseren Haltbarkeit laminieren. Die Kinder können die Eulen und den Baum bunt anmalen.

Spielmöglichkeiten:

Variante 1: Legen Sie eine beliebige Anzahl Eulen auf den linken Ast. Das Kind zählt, wie viele es sind. Hat es richtig gezählt, legen Sie (oder das Kind, wenn es die Zahlen schon kennt) das entsprechende Zahlenkärtchen auf den rechten Ast. Anschließend ist das nächste Kind an der Reihe usw.

Variante 2: Verfahren Sie wie bei der ersten Spielmöglichkeit beschrieben. Legen Sie jedoch noch weitere Eulen dazu, nachdem das Kind die Anzahl an Eulen richtig gezählt hat. Setzen Sie zwischen der ersten und der zweiten Menge ein Plus-Kärtchen. Wie viele Eulen sind es jetzt? Anschließend legen Sie wieder das entsprechende Zahlenkärtchen auf den rechten Ast. Dann ist das nächste Kind an der Reihe.

Variante 3: Verfahren Sie wie bei der zweiten Spielmöglichkeit, jedoch dieses Mal mit einem Minus-Kärtchen. Für die jüngeren Kinder können Sie von der ersten Menge einfach eine oder mehrere Eulen entfernen und das Kind zählt erneut, wie viele noch übrig sind.

Tipp:
Je nach Alter und Entwicklungsstand können Sie auch noch mehr Eulen ausdrucken und eine entsprechende Anzahl an Zahlenkärtchen anfertigen.

Eulenwissen-Booklet

Material:

stärkerer Tonkarton in DIN A4 (etwa 300 g/m²) in Farben nach Wunsch, weißes Druckerpapier, Scheren, Kleber, Heftgerät, verschiedene Kopiervorlagen und Infotexte aus dieser Mappe (s. u.), aus (Bilder-)Büchern etc.

Vorbereitung:

Für das Booklet eignen sich beispielsweise folgende Infotexte und Kopiervorlagen aus dieser Mappe:

- die Texte „Der Waldkauz", „Die Waldohreule", „Der Uhu", „Der Steinkauz", „Der Sperlingskauz" und „Die Schleiereule" (s. S. 7/8)
- Kopiervorlage „Was frisst die Eule?" (s. S. 24 – hier nur die Dinge ausschneiden, die zur Eulennahrung gehören)
- Kopiervorlage „Lebenszyklus einer Waldohreule" (s. S. 18/23)
- Kopiervorlage „Wie sieht die Schleiereule aus?" (s. S. 33)
- die Kunstwerke der Kinder und Aktivitäten, die sie durchgeführt haben

Zusätzlich können Sie noch weiteres Material aus (Bilder-)Büchern oder dem Internet verwenden, das sie mit den Kindern während des Eulenprojekts bearbeitet haben. Drucken Sie die gewählten Texte und Vorlagen für jedes Kind im DIN-A5-Format oder kleiner aus. Sie sollten auf die halbierten DIN-A4-Blätter im fertigen Booklet passen. Manche Vorlagen enthalten mehrere Bilder – diese können ausgeschnitten und auf einer Doppelseite im Booklet verteilt werden.

Durchführung:

1. Stellen Sie den Kindern eine entsprechende Anzahl an Tonkarton-Bögen zur Verfügung, auf die alle ausgedruckten Kopien passen.
2. Die Kinder falten zunächst jedes Blatt einzeln quer in der Mitte und legen dann alle Blätter wie bei einem Heft oder Buch ineinander.
3. Heften Sie das so entstandene Booklet mit dem Heftgerät etwa viermal knapp an der Kante zusammen. Es ist darauf zu achten, dass die gefalteten Tonpapierbögen kantengenau aufeinanderliegen, damit auch alle Blätter vom Hefter erfasst werden.
4. Die Kinder kleben anschließend die ausgedruckten Texte und ausgeschnittenen Bilder in ihr Büchlein.
5. Das Cover/Deckblatt können die Kinder gestalten, wie sie möchten. Sinnvoll ist es, das Wort „Eulen", „Mein Eulenwissen" o. Ä. mit aufzukleben. Entweder werden die Buchstaben dazu abgeschrieben oder Sie drucken für jedes Kind einen entsprechenden Titel aus.

Hinweis:

Das Eulenwissen-Booklet ist als Abschluss-Aktivität gedacht. Die Kinder bekommen dadurch ihr eigenes kleines Nachschlagewerk des erlernten und erfahrenen Wissens, geschmückt mit ihren Kreationen und passendem Bildmaterial.

Eulenrufe zuordnen

ab 3 Jahren

Material:
Bildkarten (s. Heftmitte), Handy oder Tablet, eine gute Quelle von den sechs heimischen Eulen und ihren Rufen, die auf den Bildkarten abgebildet sind (CD oder Internet, z. B.: *www.deutsche-vogelstimmen.de/eulen/)*

Vorbereitung:
Legen Sie die Bildkarten mit den sechs heimischen Eulenarten bereit. Schauen Sie sich dann mit den Kindern ein Video über heimische Eulen und ihre Rufe an, zum Beispiel „Die Eulenarten Deutschlands“ von dem Ornithologen Kalle Nibbenhagen. Das Video ist sehr übersichtlich in Abschnitte unterteilt, mit einer angenehmen Erzählstimme und vielen schönen Bildern von Eulen: *www.youtube.com/watch?v=TfzKlLqRhp4*

Spielmöglichkeiten:

Variante 1: Schauen Sie sich gemeinsam mit den Kindern das Video an. Legen Sie anschließend die Bildkarten mit den Abbildungen der sechs heimischen Eulen auf den Tisch und spielen Sie einen Eulenruf ab. Die Kinder wählen das Kärtchen aus, von dem sie glauben, es sei die richtige Eule.

Variante 2: Kopieren Sie für jedes Kind einen Satz Bildkarten. Gehen Sie dann vor wie bei Variante 1 beschrieben. Dabei hat jedes Kind seine Bildkarten vor sich liegen und wählt die seiner Ansicht nach passende aus. Anschließend wird geschaut, wer das richtige Eulenkärtchen zum Ruf gewählt hat.

Eulenpuzzle

ab 2 Jahren

Material:
Kopiervorlage „Eulenpuzzle“ (1) und (2) (s. S. 13/14), dicker Tonkarton oder Pappe (z. B. Rückseite eines Malblocks), Kleber, Buntstifte, Schere

Vorbereitung:
Kopieren Sie für jedes Kind die Vorlage „Eulenpuzzle“. Für die Jüngeren kopieren Sie die einfache Version (1), für Kinder ab 3 Jahren die schwierigere Variante (2). Kleben Sie die Puzzles anschließend auf Tonkarton oder Pappe.

Spielmöglichkeiten:

Variante 1: Schneiden Sie die Puzzles in Teile und die Kinder versuchen, diese zusammenzusetzen.

Variante 2: Die Kinder malen ihre Puzzles zuerst an, dann werden die Teile ausgeschnitten und anschließend zusammengesetzt.

Variante 3: Zwei oder mehr Kinder etwa gleichen Alters puzzeln um die Wette – wer ist zuerst fertig und hat alle Teile richtig zusammengesetzt?

Variante 4: Je zwei Kinder etwa gleichen Alters tauschen ihre ausgemalten Puzzles und müssen nun das Puzzle des anderen Kindes zusammensetzen – in aller Ruhe oder als Wettspiel.

Kopiervorlage „Eulenpuzzle" (1)

Kopiervorlage „Eulenpuzzle" (2)

ab 2 Jahren

Abends spät um acht

ab 2 Jahren

Nachtaktivität

Reimklang: traditionell nach „Morgens früh um sechs"
Text: Angelica Back

Spielmöglichkeiten:

Variante 1: Nach jeder vorgelesenen Zeile machen Sie die entsprechenden Bewegungen vor und die Kinder machen diese nach.

Variante 2: Sie lesen die Zeilen vor und die Kinder machen die Bewegungen, die ihnen dazu gerade in den Sinn kommen.

Variante 3: Sie lesen immer zwei Zeilen vor, die Kinder sprechen sie nach und machen die Bewegungen dazu.

Variante 4: Die Bewegungen werden nicht nur mit den Händen gemacht, sondern die Kinder bewegen ihren ganzen Körper, laufen zum Beispiel herum und machen Flugbewegungen mit den Armen, laufen auf allen vieren wie die Wölfe und heulen dabei etc.

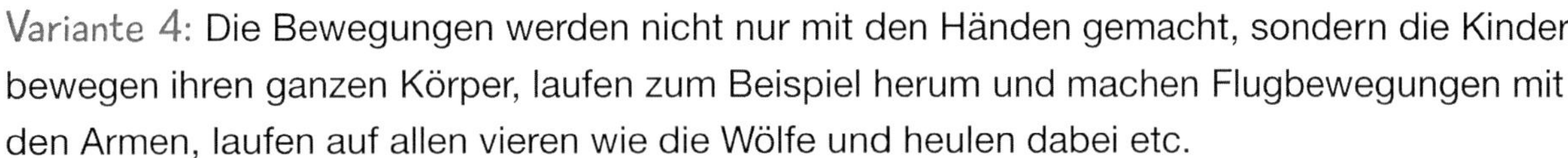

Text	Bewegung
Abends spät um acht die Schleiereul erwacht.	*mit geschlossenen Augen die Arme nach oben strecken und gähnen, als wache man gerade erst auf*
Abends spät um neun fliegt sie aus der Scheun.	*mit den Armen Flugbewegungen machen*
Abends spät um zehn bekommt sie was zu sehn.	*die Augen weit aufreißen und ein staunendes / neugieriges Gesicht machen*
Abends spät um elfe sieht sie viele Wölfe.	*wie ein Wolf heulen*
Ist es dann schon Mitternacht, hat sie etwas nachgedacht.	*eine Hand ans Kinn legen und ein nachdenkliches Gesicht machen*
Schlägt die Turmuhr eins, ruft sie: „Die nächste Maus ist meins!	*den Zeigefinger einer Hand zuerst an die Stirn und dann hochhalten*
Bis vier hat sie dann neune und fliegt zurück zur Scheune.	*mit den Armen Flugbewegungen machen*

Die Nachteule

ab 3 Jahren

Material:
grauer, schwarzer oder dunkelblauer Tonkarton für jedes Kind, schwarzes oder braunes Tonpapier, ggf. Tonpapierreste in verschiedenen Farben, Kleber, weiße, gelbe und schwarze Acryl- oder Fingerfarbe, Watteballchen und Wäscheklammern (oder Wattestäbchen und Haushaltsgummi/Garn), kleine Schälchen, evtl. Silbersterne zum Aufkleben, Malkittel, Schere

Vorbereitung:
Schneiden Sie aus dem schwarzen oder braunen Tonpapier für jedes Kind einen einfachen Ast aus. Wählen Sie die Farbe passend zum vorhandenen Untergrund. Zum Tupfen der Farben befestigen Sie entweder Wäscheklammern an Watteballchen oder Sie bündeln mehrere Wattestäbchen und binden diese mit einem Gummi oder Garn zusammen. Füllen Sie die Farbe in Schälchen. Die Kinder ziehen die Malkittel an.

Bastelanleitung:
1. Die Kinder kleben zunächst den Ast mittig oder im unteren Drittel auf den Tonkarton. Das Papier kann dabei hochkant oder im Querformat verwendet werden.
2. Für die Nachteule das Watteballchen oder Wattestäbchen-Bündel in die weiße Farbe stippen und oberhalb des Astes einen größeren ovalen oder runden Fleck tupfen. Stehen Sie den Kleinen bei Bedarf hilfreich zur Seite.
3. Lassen Sie die Farbe etwas antrocknen.
4. Anschließend tupfen die Kinder mit dem Finger gelbe Augen auf, setzen in die Mitte noch einen kleinen schwarzen Fleck für die Pupille und darunter einen gelben für den Schnabel. Alternativ können Sie Augen und Schnabel auch aus entsprechend farbigen Tonpapierresten ausschneiden und die Kinder kleben diese dann auf.
5. Wenn vorhanden, können zum Schluss noch Silbersterne am „Nachthimmel“ verteilt und aufgeklebt werden.

Jäger der Nacht

ab 3 Jahren

Die Eule ist ein nachtaktives Tier.
Welche Tiere auf dieser Seite sind ebenfalls in der Nacht aktiv?
Male sie an.

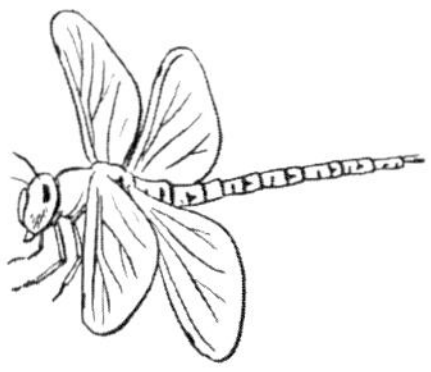

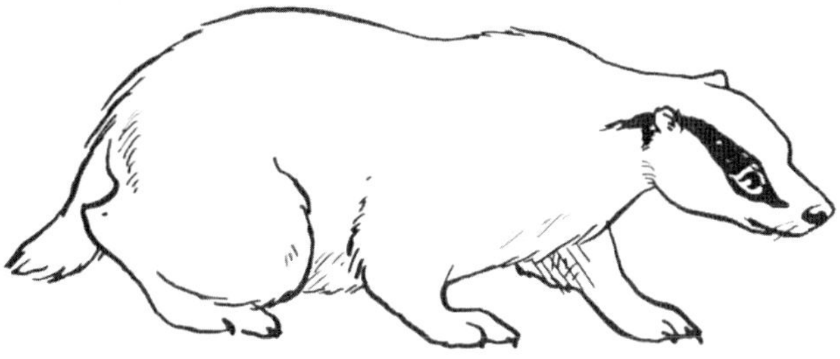

Lebenszyklus einer Waldohreule (1)

ab 4 Jahren

Material:
Kopiervorlage „Lebenszyklus einer Waldohreule“ (s. S. 18/23), Schere, Buntstifte in Braun- und Grautönen

Vorbereitung:
Kopieren Sie die Vorlage und schneiden Sie die Kärtchen unten aus. Malen Sie die Bilder farbgetreu an.

Durchführung:
Lesen Sie den Kindern etwas über die Waldohreule vor (s. Infotexte auf S. 7/8).
Für die folgende Übung ist es hilfreich, sich gemeinsam eine entsprechende Dokumentation anzuschauen, zum Beispiel: *www.youtube.com/watch?v=BGL5LyTpfR4*
Legen Sie nun den „Lebenszyklus einer Waldohreule (2)“ in die Mitte eines Sitzkreises. Die Kärtchen legen Sie drumherum aus. Die Kinder versuchen, diese in der richtigen Reihenfolge in den Lebenszyklus zu legen. Dies kann entweder gemeinsam geschehen oder ein Kind nach dem anderen legt jeweils ein Kärtchen.

Kopiervorlage „Lebenszyklus einer Waldohreule" (1)

Rückseite Bildkarten (1)

Bildkarten (1)

Bildkarten (2)

Rückseite Bildkarten (2)

Eule mit Jungen BVK Buch Verlag Kempen	Ästlinge BVK Buch Verlag Kempen
fliegende Schleiereule BVK Buch Verlag Kempen	Falknerin mit Eule BVK Buch Verlag Kempen
Eule im Nest BVK Buch Verlag Kempen	Eule in Baumhöhle BVK Buch Verlag Kempen
Gewölle BVK Buch Verlag Kempen	Eulenjunge BVK Buch Verlag Kempen

Kopiervorlage „Lebenszyklus einer Waldohreule" (2)

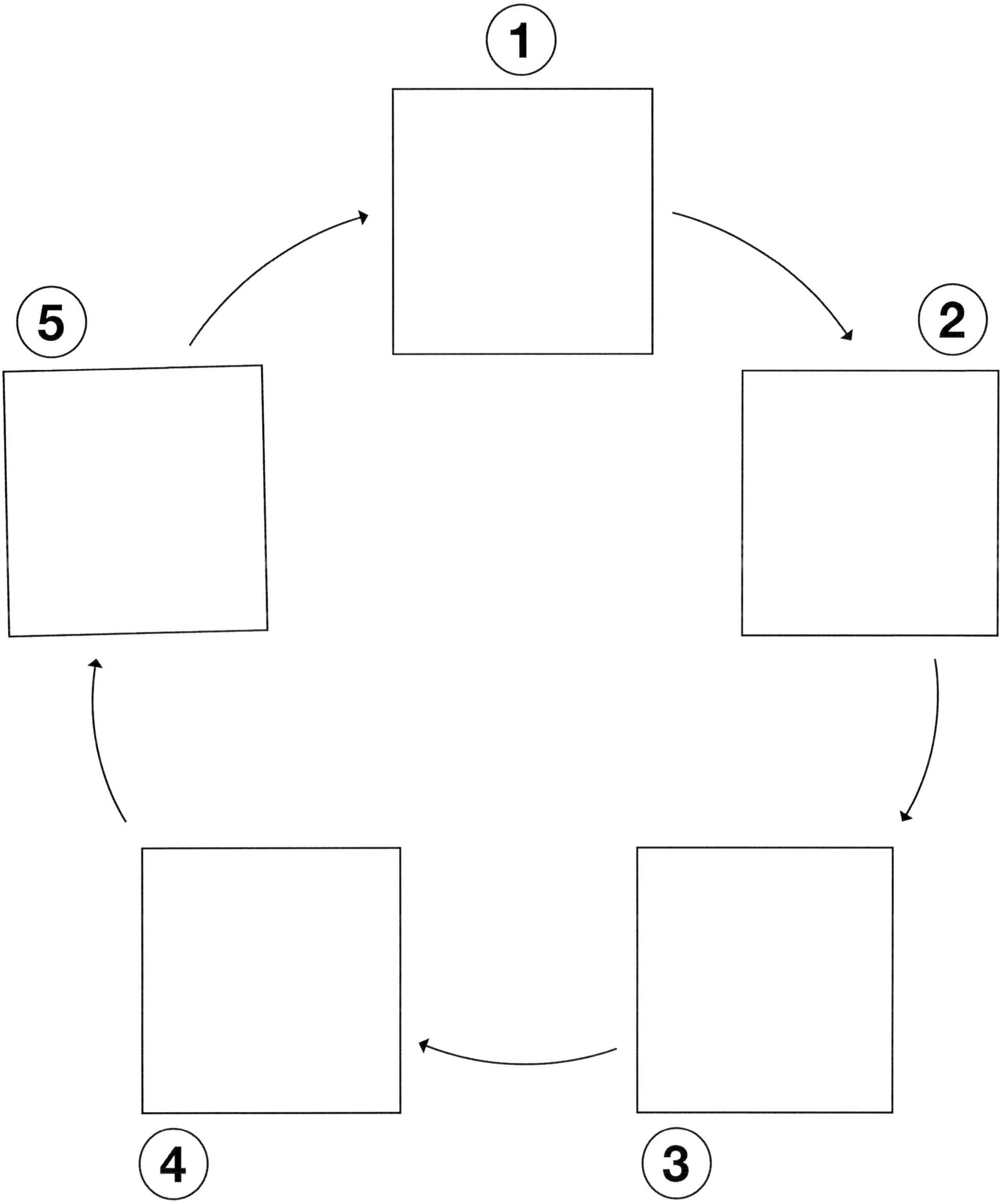

1

2

3

4

5

Was frisst die Eule?

ab 3 Jahren

Verbinde die Eule mit dem richtigen Futter.

Male die Eule und alles, was ihr schmeckt, bunt an.

Nestlinge

ab 3 Jahren

Material:
Kopiervorlage „Nestlinge“ (s. S. 25/26), Druckerpapier, Pappe oder fester Tonkarton, Schere, Kleber, Würfel, Buntstifte

Vorbereitung:
Kopieren Sie die Vorlage, kleben Sie diese auf die Pappe und schneiden Sie alle Teile aus. Sie können das Nest und die kleinen Eulen noch anmalen.

Spielmöglichkeiten:
Variante 1: Das Nest liegt für alle Kinder gut sicht- und erreichbar auf dem Tisch oder in der Mitte eines Stuhlkreises. Die Eulen liegen daneben. Nun wird reihum gewürfelt und die den Würfelaugen entsprechende Anzahl an Eulen ins Nest gelegt. Bevor das nächste Kind an der Reihe ist, werden die Eulen wieder zurückgelegt.

Variante 2 (für ältere Kinder): Gehen Sie vor wie oben beschrieben, aber lassen Sie die Eulen liegen, nachdem das erste Kind dran war. Das nächste Kind würfelt und vergleicht nun die Anzahl der im Nest liegenden Eulen mit den Punkten auf dem Würfel. Hat es mehr Punkte gewürfelt als Eulen im Nest liegen, legt es die fehlenden Eulen dazu. Hat es weniger Punkte gewürfelt, nimmt es so viele Eulen aus dem Nest, bis die Anzahl der verbleibenden Vögel mit den Punkten auf dem Würfel übereinstimmt. Dann ist das nächste Kind an der Reihe.

Variante 3: Kopieren Sie die Vorlage „Nestlinge (1)“ zweimal. Hier spielen je zwei Kinder miteinander. Die Kinder würfeln abwechselnd und legen ihre Eulen ins Nest bzw. nehmen sie wieder heraus, wie es unter „Variante 2“ beschrieben ist. Gewonnen hat das Kind, das zuerst alle sechs Eulen im Nest hat.

Kopiervorlage „Nestlinge“ (1)

Kopiervorlage „Nestlinge“ (2)

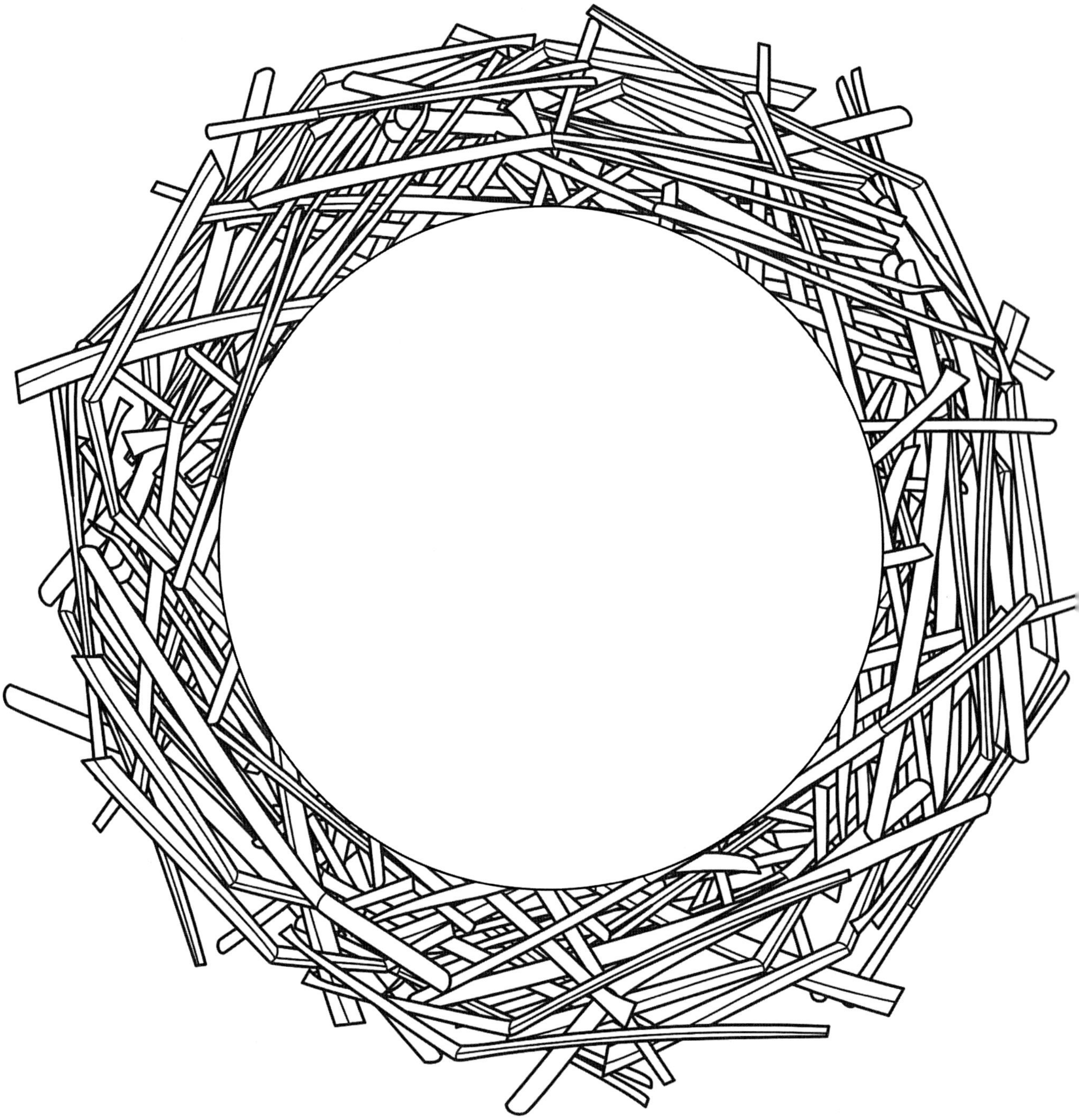

Verbinde Zahlen

ab 4 Jahren

Verbinde die Zahlen von 1 bis 12.

Was kannst du jetzt sehen?

Male das Bild bunt an.

Die kleinen Waldkäuze werden flügge (1)

ab 2 Jahren

Material:
Kissen, Decken, Stühle, Turnbänke, Sprossenwand, Leiter, Matten, „Futter" für die Waldkauzjungen (kleine Spiel- oder Kuscheltiere, kleine Bauklötze und/oder Bälle usw.), mehrere Behälter für das „Futter", 1 Chiffontuch für jedes Kind, zur Eule passende Verkleidungsaccessoires (z. B. Eulenmaske von S. 36, ansonsten kann auch nur für die Eulenmama und den Eulenpapa eine braune Mütze ohne Bommel und ein großer brauner Schal/ein Schultertuch o. Ä. verwendet werden)

Vorbereitung:
Bauen Sie im Bewegungsraum aus den Materialien einen kleinen Aktionsbereich. Dieser besteht aus einem „Eulennest" aus Kissen und Decken (groß genug, damit alle Kinder darin Platz haben), einem Konstrukt aus Sprossenwand, Leiter, Turnbänken und Stühlen als „Baum" sowie einer freien Fläche als „Wiese"/„Jagdbereich". Legen Sie den Aktivitätsbereich gut mit Matten aus. Füllen Sie das „Futter" in Behälter und verstecken Sie diese im „Jagdbereich".

Durchführung:
Die Euleneltern werden am besten von älteren Kindern gespielt. Diese legen die Verkleidung an und die Eulenmama setzt sich in die Mitte des Nestes. Alle anderen Kinder bekommen je ein Chiffontuch und stellen sich in einer Reihe mit etwas Abstand zum Nest auf. Der Eulenpapa wartet als Letzter in der Reihe. Nun lesen Sie den Text (s. u.) vor. Die Kinder machen dazu die entsprechenden Bewegungen oder Aktionen (kursiv).

Tipp:
Wenn ein Outdoorbereich mit Klettergerüst zur Verfügung steht, können Sie die Aktivität bei schönem Wetter auch nach draußen verlegen. Statt Decken und Kissen kann dann beispielsweise ein Sandkasten als Nest dienen.

Bewegungsgeschichte: Die kleinen Waldkäuze werden flügge

Text	**Bewegungen**
An einem schönen Frühlingsmorgen im März legt Mama Eule hoch oben in einem Baum ihre Eier ins Nest.	*Das erste Kind klettert ins Nest und bedeckt sich mit seinem Chiffontuch. Anschließend kommt das nächste Kind ins Nest und bedeckt sich ebenfalls usw. Wer sich damit wohler fühlt, kann ein Stückchen vom Tuch offen lassen.*
Nach etwa vier Wochen schlüpfen die kleinen Eulenküken nach und nach aus ihren Eiern.	*Zählen Sie laut bis vier, um die vier Wochen des Brütens zu verdeutlichen. Die Kinder legen dann nacheinander ihre Chiffontücher ab.*
Papa Eule hat jetzt viel zu tun, um Futter für seine Frau und die Jungen herbeizuschaffen. Er findet einen Wurm und fliegt damit zurück zum Nest. Dort übergibt er das Futter an Mama Eule. Die Eulenkinder freuen sich schon auf das Futter, rufen und sperren ihre Schnäbel auf.	*Der Eulenpapa fliegt umher, um Futter zu suchen. Das Kind hält dabei die Enden des Schals fest und macht Flugbewegungen mit den Armen. Die anderen Kinder machen Eulenrufe. Der Eulenpapa gibt das Futter der Eulenmama, die sich und die anderen Kinder damit „füttert". Anschließend legt die Eulenmama das „ausgeschiedene Futter" als „Gewölle" neben das Nest.*

Die kleinen Waldkäuze werden flügge (2)

ab 2 Jahren

Papa Eule muss noch oft hin und her fliegen, bis alle satt sind.	*Papa fliegt so oft aus, bis kein Futter mehr da ist. Die Kinder im Nest rufen jedes Mal, wenn der Papa im Anflug ist.*
Die kleinen Nestlinge werden immer aktiver. Sie verbringen viel Zeit damit, sich zu putzen. Wenn sie müde sind, kuscheln sie sich an Mama Eule und schlafen. Papa Eule sitzt in der Nähe und passt auf alle auf.	*Die Kinder machen Putzbewegungen und kuscheln sich dann mit geschlossenen Augen im Nest aneinander. Der Eulenpapa sitzt in der Nähe (hockt z. B. auf einem Stuhl).* *Sammeln Sie unterdessen das Futter wieder ein und legen Sie es in die Behälter zurück.*
Nach zwei Wochen verlassen die kleinen Eulen zum ersten Mal ihr Nest. Sie bleiben auf den nahegelegenen Zweigen des Baumes. Nun fliegen die Eltern gemeinsam aus, um in der Dämmerung Futter zu suchen.	*Die Kinder klettern aus dem Nest und bewegen sich vorsichtig auf dem „Eulenbaum" (Bänke, Stühle etc.). Die Euleneltern fliegen hin und her und bringen den Eulenkindern Futter.*
Die jungen Eulen werden immer aktiver. Sie können nun schon mit ihren kleinen Flügeln von einem Zweig zum anderen flattern.	*Die Kinder erweitern jetzt ihren Aktionsradius und balancieren mit ausgestreckten Armen auf den Geräten herum. (Kleinere Kinder machen diese Übung auf dem Boden.)*
Die Eulenkinder sind nun drei Wochen alt und gehen nicht mehr in ihr Nest. Es ist Zeit für sie, den Wald zu erkunden. Sie brauchen jedoch immer noch Futter von ihren Euleneltern.	*Die Kinder klettern überall herum und flattern kurze Strecken. Die Euleneltern bringen ihnen weiterhin Futter.*
Je älter die Eulen werden, desto mehr kuscheln sie mit ihren Geschwistern. Sie ruhen sich nun immer gemeinsam auf einem Ast aus und putzen sich gegenseitig.	*Die Kinder ruhen zwischen ihren Aktivitäten, hocken zu zweit oder zu mehreren auf einer Turnbank und „putzen" sich gegenseitig, das heißt, sie streicheln sich gegenseitig übers Haar und umarmen sich.*
Die jungen Eulen werden immer abenteuerlustiger und können mit etwa fünf Wochen schon am Baumstamm hochklettern und kurze Flüge durch den Wald unternehmen.	*Die Kinder klettern an der Sprossenwand und/ oder an der Bank bzw. Leiter hoch, die an der Sprossenwand befestigt ist. Sie „fliegen" jetzt überall umher. (Alle Kinder machen nur die ihrem Alter und Können entsprechenden Aktivitäten.)*
Drei Monate sind jetzt vergangen, seit die Eulenkinder aus ihrem Ei geschlüpft sind. Die Zeit ist gekommen, unabhängig zu werden. Sie können nun selbst jagen und die Euleneltern müssen ihre Kinder nicht mehr mit Futter versorgen. Die Kleinen suchen sich bald ihr eigenes Revier.	*Die Kinder jagen umher und suchen selbst Futter. Die Euleneltern können sich jetzt ausruhen.*

Huhu, der kleine Uhu

ab 2 Jahren

Material:
Klanggeschichte „Huhu, der kleine Uhu" (s. u.), Glockenspiel/Xylofon, Rassel, Glöckchen, Trommel, Regenstab (oder eine zugeklebte Papprolle mit Reis darin)

Vorbereitung:
Legen Sie die Klanggeschichte und die Instrumente bereit. Die Kinder dürfen alle Instrumente ausprobieren und sich dann entscheiden, welches sie spielen möchten. Leiten Sie die Kinder an, welches Instrument zu welcher Rolle in der Geschichte gehört. Lesen Sie nun die Geschichte langsam vor. Die Kinder spielen das entsprechende Instrument, wenn ihre Rolle im Text genannt wird. Die folgenden Zuordnungen sind als Anregung gedacht und können natürlich auch abgewandelt werden:

Huhu, der kleine Uhu: Glockenspiel
Frosch: Rassel
Nachtfalter: Glöckchen
Donner: Trommel
Regen: Regenstab

Klanggeschichte „Huhu, der kleine Uhu"

Am Ende eines schönen Sommertages erwacht **Huhu, der kleine Uhu** aus dem Schlaf. Er streckt zuerst den linken, dann den rechten Flügel aus und putzt sich ausgiebig die Federn. **„Quak",** meldet sich der **Frosch** aus dem Tümpel unter dem Baum: **„Quak, quak."** Er ist richtig gut gelaunt und stimmt ein kleines Liedchen an. Er weiß noch nicht, dass die **Eule** auf dem Ast über ihm erwacht ist.
Doch **Huhu** hat jetzt noch keinen Hunger. Außerdem mag er Mäuse sowieso viel lieber. Im Licht der Abenddämmerung finden sich jetzt auch einige **Nachtfalter** ein. Ganz anmutig flattern sie umeinander, wie bei einem Tänzchen. Insekten interessieren die kleine **Eule** im Moment aber auch nicht. Zufrieden ruft sie ein paar Mal: **„Huhu, huhu!"** Und noch einmal: **„Huhu, huhu!"**
Weder **Frosch** noch **Nachtfalter** noch **Eule** bemerken währenddessen, dass sich der Himmel langsam verdunkelt. Die Nacht kann es so schnell nicht sein, aber was ist es dann? Plötzlich ertönt ein leises **Donnergrollen …**
Der **Frosch** hält mitten im Quaken inne. Die **Eule** schaut zum Himmel hinauf. Nur die **Nachtfalter** tanzen lustig weiter. Das **Donnern** wird lauter und ist nun deutlich zu hören. Alle Tiere rufen nun gleichzeitig: **„Huhu, huhuuuu!", „Quaaaak, quaaaak!"**
Aber **Nachtfalter** können nicht rufen. Sie **flattern wild mit den Flügeln** und bringen sich unter dem Blätterdach des Baumes in Sicherheit. Da beginnt es zu **regnen.** Dem **Frosch** macht das nichts aus – ganz im Gegenteil! Er freut sich jetzt noch mehr und springt mit lautem **Quaken** vergnügt im Teich herum. Nur **Huhu, der kleine Uhu** ist genervt. Er wollte eigentlich gerade ausfliegen und sich ein paar Mäuschen zum Abendessen schnappen. Damit muss er jetzt wohl warten, bis der **Regen** aufhört. Enttäuscht ruft er ein paar Mal: **„Huhu, huhuuuu!"** Dann schließt er wieder die Augen. Im Baum sitzt er geschützt vor **Donner** und **Regen** und macht noch ein kleines Nickerchen.

Alle kleinen Käuzchen

ab 2 Jahren

Melodie: traditionell nach „Alle meine Entchen"; Text: Angelica Back

1. Alle kleinen Käuzchen
hocken in dem Nest,
hocken in dem Nest ,
Mutter bringt ein Mäuschen,
hej, das ist ein Fest!

2. Alle kleinen Käuzchen
sitzen auf dem Ast,
sitzen auf dem Ast,
schaut, dass ihr nicht runterfallt!
Mama hat aufgepasst.

3. Alle kleinen Käuzchen
fliegen hin und her,
fliegen hin und her,
können das schon prima,
das ist auch gar nicht schwer!

4. Alle kleinen Käuzchen
schlafen nun bald ein,
schlafen nun bald ein,
es ist schon früh am Morgen,
das muss jetzt auch mal sein!

Durchführung:

Die Kinder singen mit und/oder bewegen sich passend zum Lied. Sie können den Gesang auf einem Musikinstrument begleiten oder die Melodie auf einem CD-Spieler abspielen.

ab 2 Jahren

Buchen-Uhu und Birken-Kauz

Material:

Korb/Tüte, Blätter verschiedener Laubbäume, kleine Pflanzenteile, helles (Ton-)Papier, Allzweckschere, Kleber, evtl. Bunt- oder Filzstifte, ggf. einige dicke Bücher oder 1 Pflanzenpresse

Vorbereitung:

Sammeln Sie mit den Kindern (am besten im Wald oder Park) verschiedenes Pflanzenmaterial: ganze Blätter von unterschiedlichen Bäumen und Sträuchern, dünne Zweige mit oder ohne Laub, aber auch Kleinteile, die auf dem Erdboden liegen. Am besten sammeln Sie das Naturmaterial vom Boden auf und pflücken nichts von den Pflanzen ab. Zurück in der Kita werden die Blätter einige Tage lang zwischen den Seiten von dicken Büchern oder in einer Pflanzenpresse gepresst, damit sie später schön glatt auf dem Papier aufliegen.

Bastelanleitung:

1. Jedes Kind legt auf einem Bogen Papier mit dem vorhandenen Naturmaterial eine Eule zurecht. Die Blätter dienen als Körper und die Zweige als Sitzplätze. An den Zweigen können kleinere Blätter befestigt werden, wenn keine mehr daran sind. Kleinteile schmücken das Eulengesicht.
3. Wenn die Kinder mit ihren Kreationen zufrieden sind, werden alle Teile aufs Papier geklebt.
4. Nachdem der Kleber getrocknet ist, können die älteren Kinder mit Bunt- oder Filzstiften Details auf das Bild malen.

Der Stein-Kauz

ab 4 Jahren

Material:
möglichst flache und helle Kieselsteine, Acrylfarben, Pinsel, schwarze Permanentmarker, ggf. fester Tonkarton in nächtlichen Farben, Filzstifte, Kleber

Vorbereitung:

1. Besorgen Sie vorab mindestens einen Stein pro Kind. Wenn ein gut erreichbarer Ort in Ihrer Nähe ist, an dem viele Steine liegen, können Sie auch einen gemeinsamen Spaziergang dorthin unternehmen und die Kinder suchen sich selbst Steine aus. Alternativ können Sie flache, helle Steine kaufen (z. B. im Baumarkt).
2. Schauen Sie sich mit den Kindern Bilder von Eulen an – entweder in (Bilder-)Büchern oder im Internet. Es sollten eher einfache Zeichnungen sein.
3. Drucken Sie einige Zeichnungen aus bzw. kopieren Sie sie. Anschließend legen Sie diese als Inspirationsquellen aus.

Bastelanleitung:

1. Die Kinder grundieren zunächst ihren Stein mit einer Acrylfarbe nach Wahl. Der Ton sollte nicht zu dunkel gewählt werden, damit später noch Details aufgemalt werden können. Dieser Vorgang muss in zwei Schritten ausgeführt werden, damit jede Seite gut trocknen kann.
2. Wenn beide Seiten bemalt und getrocknet sind, zeichnen die Kinder mit dem Marker Gesichter, Flügel etc. auf die Steine.

Variante 1:
Die Kinder gestalten anschließend ein nächtliches Bild auf einem Bogen aus festem Tonkarton. Der Stein-Kauz nimmt dann auf einem der aufgemalten Äste Platz, das heißt, die Kinder kleben ihn dort auf.

Variante 2:
Wenn Platz vorhanden ist, kann ein großer verzweigter Ast an einer Wand im Gruppenraum oder im Eingangsbereich befestigt werden. Die Kinder kleben dann ihre Steineulen daran fest. Am besten schreiben Sie zuvor den Namen des Kindes auf die Rückseite seines Steins.

Tipp:
Die Stein-Käuze eigenen sich auch gut als Talisman/Glücksbringer (für die Hosentasche), als kleines Geschenk oder Dekoration, zum Beispiel für einen herbstlichen Jahreszeiten-Tisch.

Wie sieht die Schleiereule aus?

ab 4 Jahren

Material:
Kopiervorlage „Wie sieht die Schleiereule aus?“ (s. u.), Druckerpapier, Schere, Buntstifte in Braun-, Beige-, Schwarz- und Grau-Tönen

Vorbereitung:
Kopieren Sie eine Vorlage für jedes Kind und schneiden Sie die Kärtchen unten aus.

Durchführung:
Betrachten Sie mit den Kindern in einem Buch oder im Internet Bilder von Schleiereulen. Drucken Sie einige Bilder aus oder kopieren Sie sie. Die Färbung der Eule sollte deutlich zu sehen sein. Gehen Sie mit den Kindern die Körperteile der Eule und ihre Funktion durch.
Im Infotext über die Schleiereule (s. S. 8) und im Text „Wissenswertes zum Thema Eulen“ (s. S. 3) finden Sie entsprechende Informationen.
Jedes Kind bekommt nun eine Vorlage und einen Satz Kärtchen. Diese werden in die richtigen Felder gelegt. Anschließend malen die Kinder ihre Schleiereule aus. Sie können sich bei der Farbgebung an den ausgedruckten/kopierten Fotos orientieren.

Kopiervorlage „Wie sieht die Schleiereule aus?“

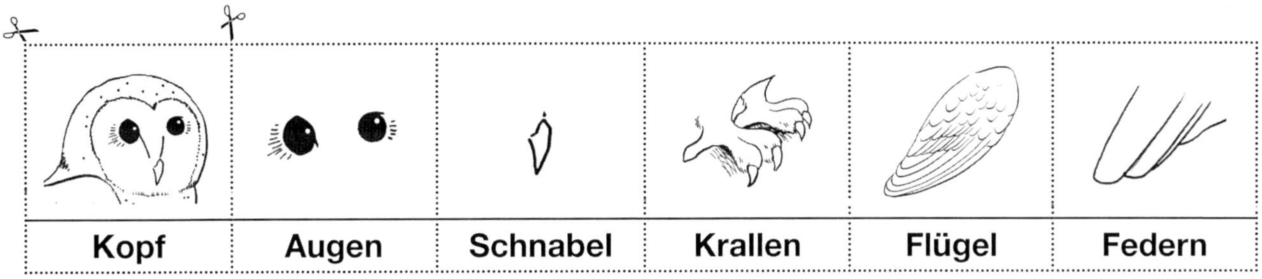

Kopf	Augen	Schnabel	Krallen	Flügel	Federn

Süße Eulenpfannkuchen

ab 2 Jahren

Zutaten (für etwa 15 Stück):
400 g Mehl, 1 Päckchen Backpulver, 6 EL Zucker, 500 ml (Pflanzen-)Milch, 4 TL Zitronensaft, 2 EL Apfelmus, Öl zum Braten, Früchte nach Wunsch/Saison (Bananen, Äpfel, Birnen, Orangen, Beeren, Mandarinen, Trauben etc.)

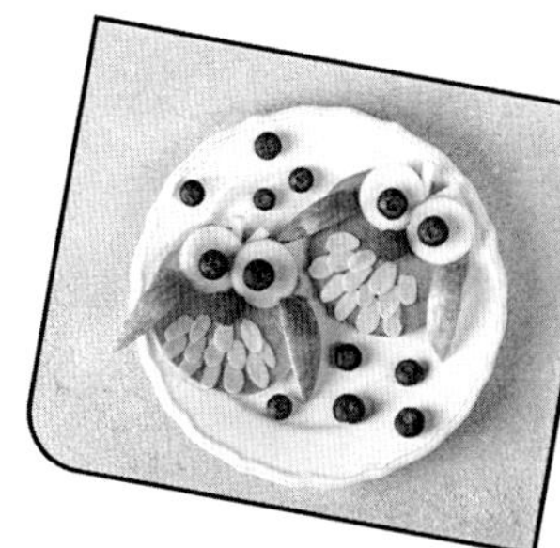

Arbeitsmittel:
Rührschüssel, Messbecher, Waage, Esslöffel, Teelöffel, Schneebesen oder Mixer, Pfanne, Messer, Schneidebrett, Kühlschrank, kleine Schälchen, Teller

Zubereitung:

1. Vermischen Sie Mehl, Backpulver und Zucker in einer Schüssel und rühren Sie anschließend Milch, Zitronensaft und Apfelmus mit einem Schneebesen oder Mixer unter.
2. Stellen Sie den Teig mindestens für eine halbe Stunde in den Kühlschrank.
3. Erhitzen Sie Öl in der Pfanne und backen Sie bei mittlerer Hitze kleine Pfannkuchen aus.
4. Schneiden Sie die Früchte klein und füllen Sie jede Fruchtart in ein Schälchen.
5. Legen Sie jedem Kind einen Pfannkuchen auf seinen Teller. Dekorieren Sie für die kleineren Kinder ein Eulengesicht auf den Pfannkuchen.
   Die größeren Kinder können selbst Gesichter mit den Früchten legen.

ab 2 Jahren

Pizza del Gufo (Eulenpizza)

Zutaten:
Pizza-Fertigteig aus der Kühltheke, passierte Tomaten, Oregano, Basilikum (frisch oder TK), Olivenöl, Salz, Pfeffer, evtl. Knoblauch, Belag nach Wunsch, z. B. Champignons, Oliven, (vegane) Salami, (veganer) Käse/Mozzarella

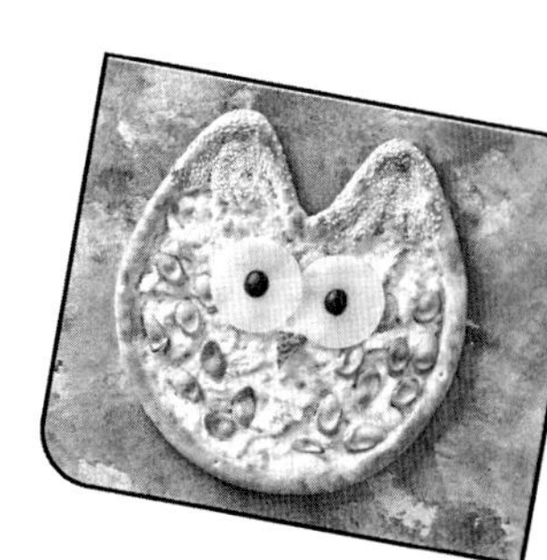

Arbeitsmittel:
Schneidebrett, Teigrolle/Nudelholz, Messer, Löffel, Schüsseln, evtl. Reibe, ggf. Pürierstab, Backpapier, Backblech, Backofen, Teller

Zubereitung:

1. Rollen Sie zunächst den Pizzateig auf einem mit Backpapier ausgelegten Backblech oval aus und formen Sie grob eine Eule. Oben können Sie kleine Eulenohren formen.
3. Während der Teig ruht, um noch ein wenig aufzugehen, bereiten Sie die Tomatensauce zu. Mischen Sie dafür die passierten Tomaten, das Öl und die Gewürze.
4. Heizen Sie den Backofen auf 220 °C vor und verteilen Sie die Tomatensoße auf dem Teig.
5. Reiben Sie den Käse, wenn er am Stück ist. Mozzarella schneiden Sie klein.
6. Nun legen die Kinder die Zutaten und den Käse so auf die Soße, dass eine Eule entsteht.
7. Lassen Sie die „Pizza del Gufo“ dann auf der mittleren Schiene etwa 15 Minuten backen.

Varianten:
Sie können den Teig in Portionen aufteilen, damit jedes Kind eine eigene Eulenpizza bekommt.

Huhuuu – Es ist Halloween! (1)

ab 2 Jahren

Masken:

1. Variante: Kopiervorlage „Eulenmaske“ (s. S. 36), Buntstifte, Schere, Locher, (Gummi-)Band, Tonpapier in Weiß oder Braun
2. Variante: leere 6er-Eierkartons, Schere, Acrylfarben, Pinsel, (Gummi-)Band
3. Variante: alte Mütze, Filz oder Stoffreste, Schere, Kleber oder Nadel und Faden

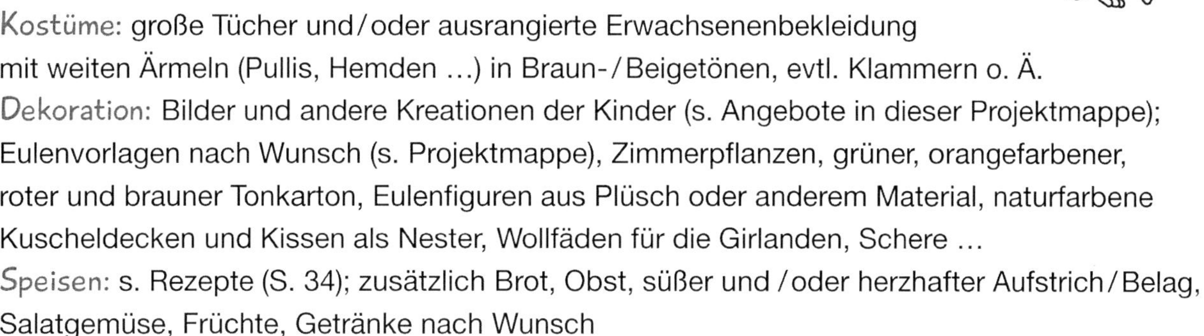

Kostüme: große Tücher und/oder ausrangierte Erwachsenenbekleidung mit weiten Ärmeln (Pullis, Hemden …) in Braun-/Beigetönen, evtl. Klammern o. Ä.
Dekoration: Bilder und andere Kreationen der Kinder (s. Angebote in dieser Projektmappe); Eulenvorlagen nach Wunsch (s. Projektmappe), Zimmerpflanzen, grüner, orangefarbener, roter und brauner Tonkarton, Eulenfiguren aus Plüsch oder anderem Material, naturfarbene Kuscheldecken und Kissen als Nester, Wollfäden für die Girlanden, Schere …
Speisen: s. Rezepte (S. 34); zusätzlich Brot, Obst, süßer und/oder herzhafter Aufstrich/Belag, Salatgemüse, Früchte, Getränke nach Wunsch

Vorbereitung:

1. Masken:

Für die 1. Variante:
Kopieren Sie die Vorlage auf Tonpapier. Wenn die Kinder die Masken bemalt haben, werden sie ausgeschnitten. Schneiden Sie die großen Kreise für die Augen ebenfalls aus, die kleinen Kreise an den Seiten werden mit dem Locher ausgestanzt. Ziehen Sie durch diese ein (Gummi-)Band und passen es dem Kopf des Kindes an.

Für die 2. Variante:
Halbieren Sie die unteren Teile der Eierkartons quer in der Mitte, sodass Sie zwei Teile haben. In die Vertiefungen schneiden Sie jeweils ein kleines Loch für die Augen, damit die Kinder hindurchschauen können. Schneiden Sie dann die unteren Teile der mittleren Vertiefungen so weg, dass die hohe Mitte stehengelassen wird – das ist der Eulenschnabel. Die Ränder um die Augen herum können mehrfach eingeschnitten werden, das sind die Federn. Nachdem die Kinder ihre Masken mit Acrylfarben bemalt haben, werden an den Seiten kleine Löcher gebohrt. Daran wird ein (Gummi-)Band befestigt und an den Kopf des Kindes angepasst. Diese Maske kann auch über den Augen an der Stirn getragen werden oder als Deko dienen.

Für die 3. Variante:
Schneiden Sie aus Filz- oder Stoffresten Kreise aus und kleben (oder nähen) Sie diese als Augen auf die Mütze. Aus einem gelben oder orangefarbenen Dreieck wird der Schnabel. Diese „Eulenmaske“ wird wie eine normale Mütze getragen. Wenn die Mütze groß genug ist und sich über die Augen ziehen lässt, können die Löcher für die Augen auch hineingeschnitten werden.

2. Kostüme:

Fragen Sie die Eltern der Kinder nach ausrangierter beiger/brauner Kleidung. Die Ärmel können am Saum eingeschnitten werden, damit sie wie Flügel aussehen. Große Tücher werden um die Schultern gelegt und vorne mit einer Klammer o. Ä. geschlossen.

Huhuuu – Es ist Halloween! (2)

ab 2 Jahren

3. Deko: Dekorieren Sie gemeinsam mit den Kindern den Partyraum. Verteilen Sie dafür die Bilder und Bastelarbeiten der Kinder und ggf. gestaltete Vorlagen an den Wänden. Schneiden Sie dann aus dem Tonkarton verschiedenes Laub in Herbstfarben aus. Einige Blätter können Sie an den Wänden befestigen, andere zu Girlanden verbinden und weitere an den Wänden und Fenstern befestigen. Stellen Sie viele Zimmerpflanzen auf, damit es wie im Wald aussieht. Die Eulenfiguren werden im Raum verteilt. Die Kuscheldecken werden zu „Nestern“ geformt und mit Kissen bestückt.

4. Speisen:
Bereiten Sie die Speisen zu und stellen Sie alles auf einem Büfett bereit. Zusätzlich können Früchte oder Salat und Gemüse auf Brotscheiben zu Eulenfiguren angerichtet werden (Ideen finden Sie bei der Google-Bildersuche unter „Owl Fruit“ oder „Owl Salad“).

Ablauf:
Nun können Sie mit der Kindergruppe gemeinsam essen und anschließend spielen und singen. Viele Angebote aus dieser Mappe eignen sich für das Halloween-Fest, zum Beispiel „Die kleinen Waldkäuze werden flügge“ (s. S. 28/29) oder die Spielstation „Eulenwald“ (s. S. 40) u. v. m. Die Kinder können sich auch Eulennamen ausdenken, mit denen sie während der Party angesprochen werden.

Hinweis:
Ein Halloween-Fest mit dem Motto „Eulen“ ist besonders für die Kleinen und ängstliche Kinder gut geeignet, die sich vor der typischen Gruselverkleidung und Horror-Dekoration eher fürchten.

Kopiervorlage „Eulenmaske“

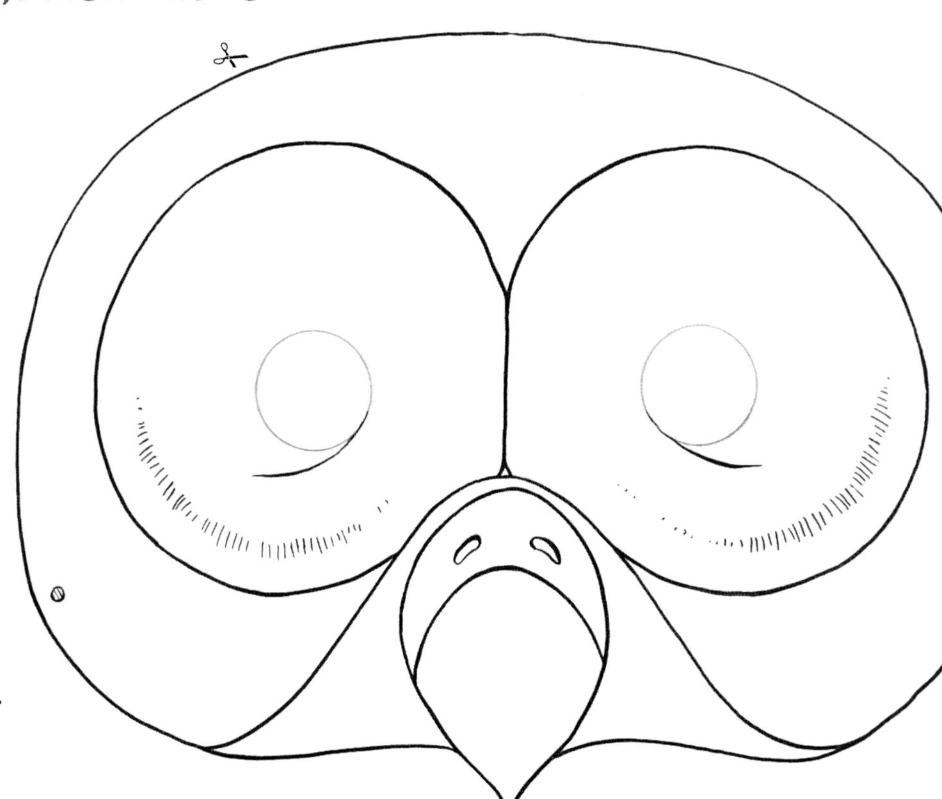

Bitte hochkopieren.

Wir weben eine Eule

ab 3 Jahren

Material:
Kopiervorlage „Papierweben“ (s. u.), Papier und/oder Tonpapier in verschiedenen Farben, Schere, ggf. Bunt-/Kreide- oder Filzstifte, Klebepunkte oder buntes Klebeband

Vorbereitung:
Kopieren Sie die Vorlage „Papierweben“ in der benötigten Anzahl auf buntes Tonpapier. Schneiden Sie die Vorlage aus und falten Sie diese an den vorgezeichneten Querlinien zur Hälfte. Schneiden Sie dann mit der Schere die gestrichelten Linien entlang. Falten Sie die Vorlage wieder auseinander. Nun werden die soeben eingeschnittenen Öffnungen sichtbar. Schneiden Sie anschließend etwa 1–2 cm breite Streifen aus buntem Papier aus.

Durchführung:
Jedes Kind sucht sich eine Eulenvorlage in seiner Lieblingsfarbe aus und nimmt sich einen Streifen Papier. Dieser wird – wie bei der herkömmlichen Webtechnik – hin und zurück durch die Einschnitte gezogen. Zeigen Sie den Kindern am besten an einem Beispiel, wie es funktioniert. Anschließend nehmen sich die Kinder den nächsten Streifen und ziehen diesen in entgegengesetzter Reihenfolge durch die Einschnitte, bis die Reihen ausgefüllt sind. Zum Schluss können die Enden der Streifen auf der Rückseite mit Klebepunkten oder kleinen Klebeband-Streifen festgeklebt werden, damit sie nicht verrutschen.

Tipp:
Wenn Sie weißes Kopierpapier verwenden, können die Kinder ihre Eule vor dem Weben mit Kreide-, Bunt- oder Filzstiften bemalen.

Kopiervorlage „Papierweben“

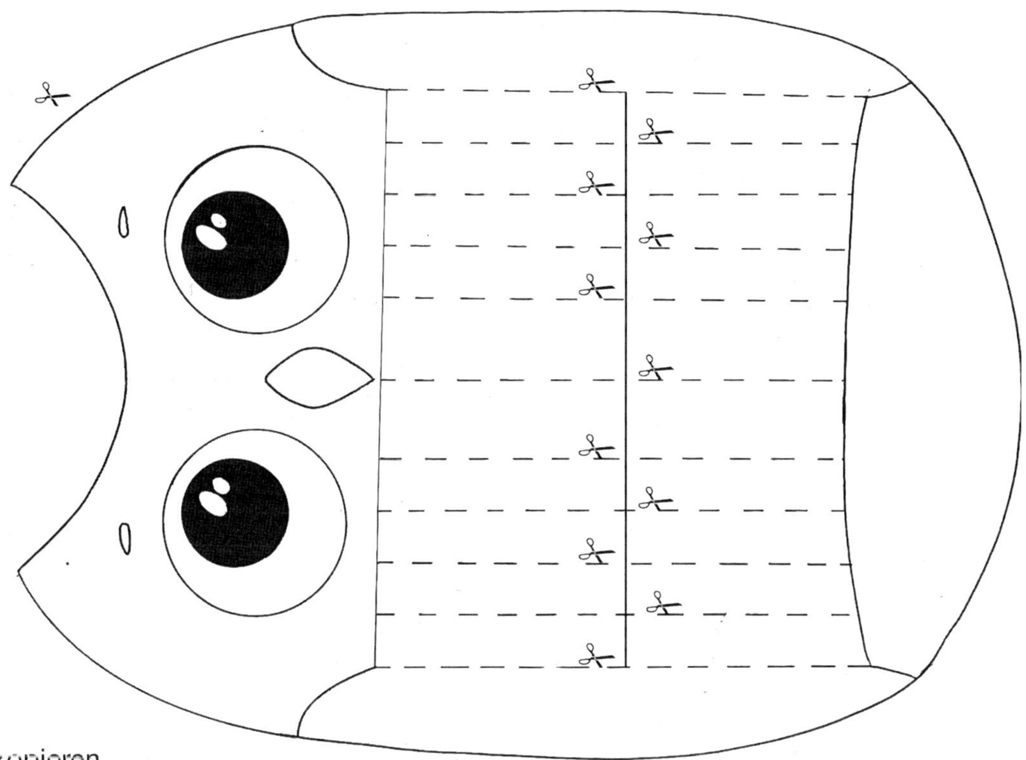

Bitte hochkopieren.

Eulen-Fädelbilder

ab 3 Jahren

Material:
Kopiervorlage „Fädelbilder“ (s. S. 38/39), einige Bögen Papier, Pappe oder fester Tonkarton, Schere, Locher, Kreide-/Bunt- und/oder Filzstifte, Wolle, buntes Klebeband, Kleber

Vorbereitung:
Kopieren Sie die Vorlage „Fädelbilder“ in der benötigten Anzahl, kleben Sie sie auf Pappe, schneiden Sie diese aus und stanzen Sie mit einem Locher die vorgezeichneten Löcher aus. Schneiden Sie dann Wollfäden zurecht, die lang genug sind, damit sie einmal um das Fädelbild gezogen werden können. Umkleben Sie zum Schluss ein Ende des Wollfadens dicht mit buntem Klebeband (wie bei einem Schnürsenkel).

Durchführung:
Jedes Kind bekommt eine Vorlage, die es ausmalen kann. Anschließend nimmt es sich einen der vorbereiteten Wollfäden und befestigt das unbeklebte Ende mit einem Stück buntem Klebeband auf der Rückseite der Vorlage. Von dort aus fädelt es nun den Wollfaden mit dem beklebten Ende voran durch eines der Löcher. Von diesem Punkt ausgehend wird nun der Faden rundum durch die Löcher der Eulenvorlage gefädelt.

Kopiervorlage „Fädelbilder“ (1)

Bitte auf das Doppelte hochkopieren.

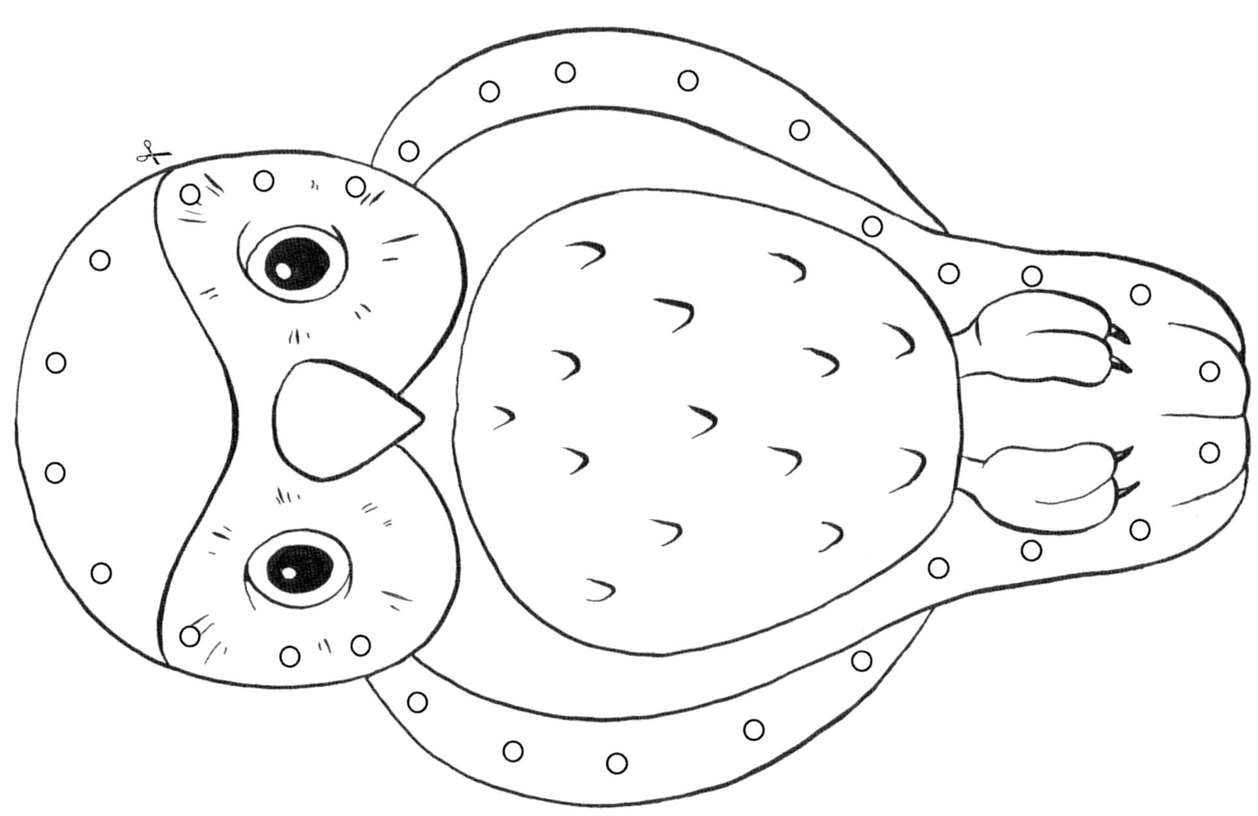

Kopiervorlage „Fädelbilder" (2)

Bitte auf das Doppelte hochkopieren.

Bitte auf das Doppelte hochkopieren.

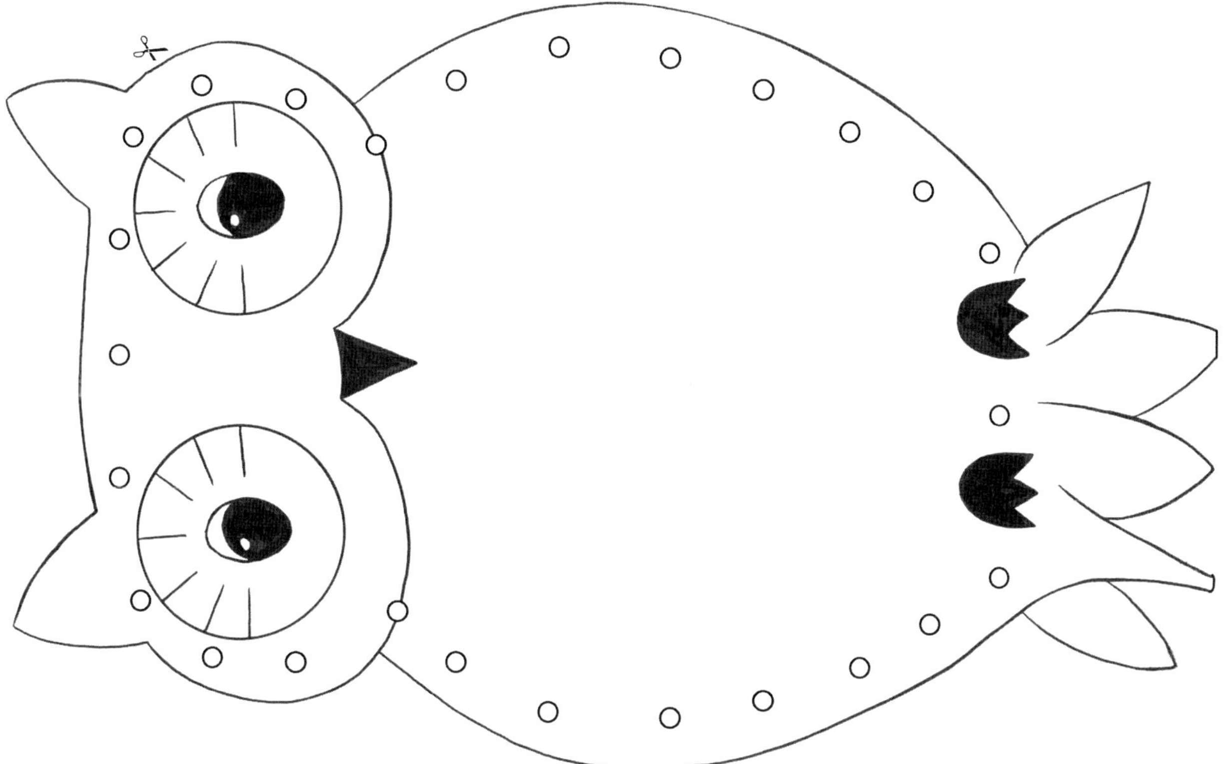

Spielstation „Eulenwald"

ab 3 Jahren

Material:
Äste/Zweige, evtl. Papiertüten, braunes Packpapier und/oder Körbchen, Naturdeko (z. B. weiße/braune Federn, Laub, Holzstückchen, kleine Pflanzenteile, Steine, Kastanien, Stroh, Zimmerpflanzen im Topf ...), sonstige Deko (Naturholz-Bauklötzchen/-Spielsteine, Ostergras, Tücher/Stoffreste/Seidenpapier/Motivpapier/Tonkarton/Wolle in Braun-, Beige- und Grüntönen, Watte ...), Eier aus Holz/Stein/Plastik oder Zucker-/Schoko-Eier (nur im Frühling erhältlich) oder Eicheln oder Pompons, Mäuse, Würmer und Schlangen aus Fruchtgummi/Schaumzucker; für die Eulen-Spielfiguren: Eulen aus Holz/Plüsch etc. oder aus weißer/brauner Knete, aus Toilettenpapierrollen oder Kopiervorlage „Nestlinge" (s. S. 25), Druckerpapier, Schere, Buntstifte, Holzstäbchen, Kleber

Vorbereitung:
1. Besorgen Sie die Requisiten. Fragen Sie eventuell auch bei den Eltern nach.
2. Richten Sie gemeinsam mit den Kindern eine Spielecke ein. Vorhandenes Mobiliar kann integriert werden, beispielsweise ein Regal als Baum. Verteilen Sie die Deko. Schön sieht es aus, wenn Zimmerpflanzen in die Spielstation „Eulenwald" gestellt werden.
3. Eulennester können Sie aus Ästen und Zweigen oder aus Körbchen zusammenstellen. Sie können auch die Öffnungen von Papiertüten so nach unten einrollen, dass ein Nest entsteht, oder aus Packpapier ein Nest formen. Polstern Sie die Nester mit Watte, Federn, kleinen Pflanzenteilen, Stroh, Ostergras o. Ä. aus. Verteilen Sie dann die „Eier".
4. Für die Eulen-Spielfiguren gibt es mehrere Alternativen:
   a) Die Kinder nutzen bereits vorhandene Eulen aus Holz, Plüsch etc.
   b) Zusätzlich oder alternativ können Eulen aus Knete geformt werden.
   c) Es können Eulen aus Toilettenpapierrollen und Tonpapier (für die Gesichter) hergestellt werden.
   d) Die Vorlage „Nestlinge" wird mehrfach hochkopiert, angemalt und ausgeschnitten. An jede Eule wird ein Holzstäbchen zum Halten festgeklebt. Größere Eulenfiguren sind die Eltern und kleinere die Kinder. (Die Figuren können auch aus unterschiedlichem Material sein.)
5. Verwenden Sie als Eulenfutter Mäuse, Würmer und Schlangen aus Fruchtgummi/Schaumzucker oder formen Sie entsprechende Beute aus Knete.

Durchführung:
1. Eine Möglichkeit ist es, Geschichten aus Bilderbüchern nachzuspielen. Buchempfehlungen zur Thematik finden Sie am Anfang der Projektmappe (s. S. 5/6).
2. Sie können sich auch Anregungen aus den Angeboten dieser Projektmappe holen. Gut geeignet ist zum Beispiel „Die kleinen Waldkäuze werden flügge" (s. S. 28/29).
3. Wenn sich die Kinder schon Wissen über Eulen angeeignet haben, können sie dieses mit der Spielstation „Eulenwald" in die Tat umsetzen.

Tipps:
- Die Kinder spielen zwischendrin Eulenrufe von CDs oder aus dem Internet ab.
- Es können noch weitere Nachttiere „mitspielen", zum Beispiel Füchse, Dachse, Fledermäuse ...